Hans-Peter Oswald:

Mitterand in Dachau

Inhaltsverzeichnis

Vorwort: .   3
Kapitel 1: Der Flüsterton des Widerstandes   8
Kapitel 2: Der Albtraum von Buchenwald   22
Kapitel 3: Marie-Louise Antelme in Ravensbrück   35
Kapitel 4: Ich glaube, jemand ruft Dich!   40
Kapitel 5: Impressum   56

Vorwort

In seinen Memoiren, die er viele Jahre später niederschreiben sollte, beschrieb Mitterand die grauenhafte Realität, der er sich stellen musste. Die Anblicke in den Konzentrationslagern Landsberg und Dachau waren verstörend und schockierend. In Landsberg fand er keinen einzigen Überlebenden. Die Leichen stapelten sich in Massengräbern, und die SS hatte sie mit Flammenwerfern verbrannt, um jede Spur ihrer Verbrechen zu beseitigen.

Doch es war in Dachau, wo der Tod allgegenwärtig war. Mitterand schilderte die Anblick der Gehängten, der Vergasten und der Krematoriumsöfen, die stumme Zeugen der systematischen Vernichtung waren. Die Typhusepidemie, die sich wie ein Schatten über das Lager legte, verstärkte das Leiden derjenigen, die den Schrecken bisher überlebt hatten.

Als Inspektor der Konzentrationslager war Mitterand Zeuge der entsetzlichen Folgen der nationalsozialistischen Ideologie. Er sah die

Spuren des Hasses und der Grausamkeit, die in den Körpern und Seelen der Überlebenden eingegraben waren. Es war eine unvorstellbare Aufgabe, die Wahrheit und das Ausmaß dieser Verbrechen zu erfassen.

Doch Mitterand war nicht nur Zeuge des Schreckens, sondern auch ein Mann mit einem klaren Gewissen und einem tiefen Mitgefühl für die Opfer. Er war entschlossen, denjenigen zu helfen, die den Tod vor Augen hatten.

Die Geschichte von Robert Antelme, Marguerite Antelme und François Mitterand zeigt uns, dass selbst in den schwärzesten Stunden der Menschheit der Mut und die Entschlossenheit des Einzelnen den Unterschied machen können. Ihr Überleben war ein Symbol der Hoffnung, das uns daran er innert, dass wir niemals aufgeben dürfen, dass wir immer für das Gute kämpfen müssen, selbst in den schwierigsten Zeiten.

Ihre Geschichte erinnert uns auch daran, wie wichtig es ist, die Vergangenheit nicht zu vergessen. Die Schrecken des Holocausts dürfen niemals in Vergessenheit geraten. Durch die Erinnerung und die Aufarbeitung der Geschichte können wir sicherstellen, dass sich solche Gräueltaten niemals wiederholen.

Die Geschichte von Robert Antelme und seinen mutigen Rettern wurde zum Symbol des menschlichen Überlebenswillens und der unbezwingbaren Hoffnung. Sie erinnerte die Welt daran, dass selbst in den dunkelsten Stunden des Lebens das Licht des Mutes und der Freundschaft weiterleuchtet.

Robert Antelme, Marguerite Antelme und François Mitterand wurden zu Symbolen des Widerstands, der Hoffnung und der Menschlichkeit. Ihr Mut und ihre Entschlossenheit haben die Welt verändert und uns daran erinnert, dass die Macht des Einzelnen, des gemeinsamen Handelns und des Glaubens an das Gute unermesslich ist.

Die Geschichte der Rettung von Robert Antelme aus Dachau und der Kampf ums Überleben ist eine Erinnerung an die Stärke des menschlichen Geistes, die uns antreibt, uns für das Recht einzusetzen, für die Würde jedes Einzelnen zu kämpfen und eine Welt zu schaffen, in der Frieden, Gerechtigkeit und Mitgefühl herrschen.

Ihre Geschichte wird in den Annalen der Geschichte verewigt bleiben, als ein leuchtendes Beispiel für den Triumph des Überlebenswillens, der Freundschaft und der Menschlichkeit. Mögen wir ihre Lehren nie vergessen und stets danach streben, eine Welt zu schaffen, in der die Schrecken des Holocausts und jeglicher Formen von Unterdrückung und Diskriminierung niemals wieder auftreten.

Hans-Peter Oswald

Kapitel 1: Der Flüsterton des Widerstandes

Die Straßen von Paris waren von einer drückenden Atmosphäre erfüllt. Es war das Jahr 1940, und die Stadt erstickte unter der Kontrolle des Vichy-Regimes, das sich bereitwillig den deutschen Besatzern unterworfen hatte. Die Deutschen hatten ihre Präsenz auf den Straßen verstärkt, patrouillierten in Uniformen und ließen keinen Zweifel daran, dass sie die Oberhand hatten.

Doch trotz des erdrückenden Regimes gab es jene, die sich dem Widerstand anschlossen. Im Verborgenen, hinter geschlossenen Türen und in dunklen Gassen, versammelten sich Männer und Frauen, die bereit waren, für ihre Freiheit zu kämpfen. François Mitterand war einer von ihnen, wenn auch nur im Geheimen. Offiziell war er Mitglied der Vichy-Regierung, doch seine wahre Loyalität gehörte dem Widerstand.

Unter dem Pseudonym Jacques François Morland agierte Mitterand als eine Art Schattenfigur, eine geheime Identität, die es ihm ermöglichte, unbemerkt seine Arbeit für die Résistance fortzusetzen. Sein Freund Robert

Antelme teilte sein Schicksal. Auch er war ein Mann von großer Entschlossenheit und tapferem Herzen. Gemeinsam kämpften sie gegen die deutschen Besatzer, verbunden durch ihre Freundschaft und den gemeinsamen Wunsch nach Freiheit.

Doch während François und Robert im Untergrund agierten, trugen Marguerite Antelme, die Ehefrau Roberts, und Marie-Louise Antelme, die Schwester Roberts, ihre eigene geheime Last. Sie unterstützten den Widerstand auf ihre eigene Art und Weise, stets vorsichtig, um nicht in Verdacht zu geraten. Ihre Tage waren erfüllt von versteckten Botschaften, Treffen an geheimen Orten und der ständigen Angst, entdeckt zu werden.

Paris war zu einem gefährlichen Labyrinth aus politischen Intrigen, Verrat und Überlebenskampf geworden. Die Vichy-Regierung hatte die Macht ergriffen und versprach Sicherheit und Ordnung, doch unter der Oberfläche brodelte der Widerstand wie ein unterirdischer Fluss. Menschen wie François Mitterand und Robert Antelme waren die stillen Helden, die ihr Leben aufs Spiel setzten, um für eine bessere Zukunft zu kämpfen.

Während die Stadt im Griff der Dunkelheit lag, trafen sich François und Robert heimlich in kleinen Cafés, abseits der neugierigen Blicke und Lauscher. Ihre Gespräche waren voller verschlüsselter Botschaften und vorsichtiger Andeutungen. Sie planten Sabotageakte, organisierten Untergrundaktivitäten und versuchten, die Besatzer zu unterminieren, wo immer es möglich war.

François Mitterand wusste, dass jeder Schritt, den er unternahm, gefährlich war. Jede falsche Bewegung könnte sein Doppelleben enthüllen und ihn in den Fokus der Gestapo rücken. Doch der Wille zum Widerstand war stärker als die Angst. Er konnte nicht tatenlos zusehen, wie sein Land von den Deutschen besetzt und unterdrückt wurde.

In den Herzen der Pariser Widerstandskämpfer loderte das Feuer der Freiheit. Sie waren bereit, ihr Leben zu riskieren, um ihre geliebte Stadt und ihr geliebtes Land von der Besatzung zu befreien.

Jeder Blick, jeder flüsternde Austausch, jede geheime Nachricht war ein Akt des Widerstands.

François Mitterand war kein Mann der großen Gesten. Er arbeitete im Verborgenen, im Schatten der Vichy-Regierung, um Informationen zu sammeln und den Widerstand zu koordinieren. Seine Kontakte waren vorsichtig ausgewählt, seine Schritte sorgfältig geplant. Er wusste, dass die kleinste Nachlässigkeit ihn und seine Mitstreiter gefährden könnte.

Robert Antelme war ein Mann von beeindruckender Stärke und Entschlossenheit - wie sein Vater, dessen Integrität dazu führten, dass ihn die Politiker strafversetzten.

„Roberts Mutter entstammte dem korsischen Grossbürgertum, der Vater war Unterpräfekt. Nach Bayonne versetzt, griff der hohe Staatsbeamte in einem Finanzskandal durch,

dessen Initiator Alexandre Stavisky von der Politik gedeckt wurde, dann aber eines mysteriösen Todes starb. «L'Affaire Stavisky» (1) brachte die Zentralregierung zu Fall – und Antelme um die Karriere. Zum Steuereintreiber degradiert, übersiedelte er samt Familie nach Paris." (2)

---

1) Serge Alexandre alias Sascha Stavisky, der Sohn eines jüdischen Zahnarztes, baut im Frankreich der 1920er und 30er Jahre mit unwiderstehlichem Charme, einigem Talent und der Unterstützung von korrupten Politikern und Industriellen ein windiges Finanzimperium auf, das bis zu seinem Tod floriert.

Der Filme „Stavisky" von Alain Resnais mit Jean-Paul Belmondo hat diese Affäre der 20er Jahren einem breiten Publikum bekannt gemacht.

2) Ingeborg Waldinger: Unteilbare Menschlichkeit, 5.1.2017 in: NZZ

Robert Antelme (1)war bereit, alles zu opfern, um für die Freiheit zu kämpfen. Gemeinsam mit François schmiedete er Pläne, organisierte geheime Treffen und sorgte mit seinen Kameraden aus der „Résistance" und Freunden

---

(1)

„Robert Antelme ist ein französischer Dichter, Schriftsteller und Widerstandskämpfer, geboren am 5. Januar 1917 in Sartène und gestorben am 26. Oktober 1990 in Paris .

Aus wikipedia.fr

dafür, dass der Widerstand weiterlebte, selbst wenn die Dunkelheit immer bedrohlicher wurde.

Marguerite Antelme (1) und Marie-Louise Antelme, die beiden Frauen , standen ihnen in nichts nach.

---

(1) Marguerite Antelme wird später als Marguerite Duras bekannt.

„Marguerite Duras [maʀɡə'ʀit dy'ʀas] (* 4. April 1914 in Gia Định bei Saigon, Vietnam (damals Französisch-Indochina) als Marguerite Donnadieu; † 3. März 1996 in Paris) war eine französische Schriftstellerin, Dramatikerin, Drehbuchautorin und Filmregisseurin"

Wikipedia.de

Sie wussten um die Gefahren, die sie umgaben, und doch waren sie bereit, ihre eigenen Ängste beiseite zu schieben, um den Männern beizustehen. Sie waren die stillen Heldinnen des Widerstands, die im Hintergrund agierten und die Fäden der geheimen Kommunikation zusammenhielten.

In den Straßen von Paris lauerte die Gefahr an jeder Ecke. Die Deutschen hatten die Stadt fest im Griff, und die Gestapo war auf der Suche nach jedem Anzeichen von Widerstand. Doch die Widerstandskämpfer gaben nicht auf. Sie wussten, dass sie eine Stimme der Hoffnung sein konnten, selbst in den dunkelsten Stunden.

Die Nacht brachte ihre eigenen Gefahren und Möglichkeiten. Wenn die Stadt schlief, waren die Pariser Widerstandskämpfer aktiv. Sie schlichen durch die Straßen, verbreiteten Flugblätter, sabotierten die deutschen Streitkräfte und sammelten Informationen. Jeder Tag brachte neue Herausforderungen und Risiken, aber sie waren entschlossen, niemals aufzugeben.

Im Schatten der Vichy-Regierung und der deutschen Besatzung flackerte die Flamme des

Widerstands. François Mitterand, Robert Antelme, Marguerite Antelme und Marie-Louise Antelme waren Teil einer Generation von tapferen Männern und Frauen, die sich weigerten, unter der Tyrannei zu leben. Sie kämpften für Freiheit, Gerechtigkeit und die Rückkehr von Paris zu dem, was es einmal gewesen war – eine Stadt der Liebe und des Lebens.

Die Zeit würde zeigen, ob ihr Mut und ihre Entschlossenheit ausreichen würden, um den Sieg über die Unterdrückung zu erringen. Doch in den Herzen der Widerstandskämpfer brannte die Hoffnung auf eine bessere Zukunft. Sie waren bereit, für ihre Überzeugungen zu kämpfen, koste es, was es wolle.

Der Schatten der Vichy-Regierung mochte Paris bedecken, doch der Widerstand ließ sich nicht von der Dunkelheit verschlingen. Die Menschen lebten im ständigen Bewusstsein ihrer Bedrohung, aber sie waren entschlossen, ihre Freiheit zu verteidigen. François Mitterand, Robert Antelme, Marguerite Antelme und Marie-Louise Antelme waren nur einige der unzähligen Namen, die in den Reihen des Widerstands aufblühten.

Tagsüber gingen sie ihren alltäglichen Verpflichtungen nach, als ob nichts geschehen wäre. François Mitterand, ein Mann mit politischem Einfluss, arbeitete für die Vichy-Regierung, um den Anschein der Loyalität zu wahren. Doch tief in seinem Herzen wusste er, dass seine wahren Verbündeten diejenigen waren, die im Untergrund kämpften. Gemeinsam mit Robert Antelme, einem Mann von großer Tapferkeit und einem unerschütterlichen Glauben an die Sache, arbeiteten sie im Geheimen, um den Widerstand zu stärken und Informationen zu sammeln.

Marguerite Antelme und Marie-Louise Antelme, die beiden Frauen, waren keine passiven Beobachterinnen. Sie hatten ihre eigenen Rollen im Kampf gegen die Besatzungsmacht. Marguerite, eine intelligente und mutige Frau, nutzte ihre Verbindungen und ihren Scharfsinn, um geheime Botschaften zu übermitteln und Unterstützung zu mobilisieren. Marie-Louise wiederum war eine Quelle der Inspiration und des Mutes für diejenigen, die mit ihr in den Reihen des Widerstands kämpften.

In den Abendstunden, wenn die Dunkelheit über die Stadt hereinbrach, erwachten sie zum Leben. Sie trafen sich an geheimen Orten, tauschten Informationen aus und planten Aktionen gegen die Besatzer. Ihre Aufgaben waren vielfältig – von der Beschaffung von Waffen und Verpflegung für die Untergrundkämpfer bis hin zur Organisation von Sabotageakten gegen die deutschen Streitkräfte.

Die deutschen Besatzer wussten um die Existenz des Widerstands und verfolgten jeden Anhaltspunkt, der zu dessen Entdeckung führen könnte. Die Gestapo streckte ihre Finger nach denjenigen aus, die im Widerstand aktiv waren, und brachte sie brutal zum Schweigen. Doch die Widerstandskämpfer ließen sich nicht einschüchtern. Sie waren bereit, für ihre Überzeugungen zu sterben, und sie waren entschlossen, den Deutschen so viel Widerstand wie möglich entgegenzusetzen.

Der Widerstand war ein Netzwerk von Menschen unterschiedlicher Hintergründe und Fähigkeiten. Es waren Arbeiter, Studenten, Intellektuelle und einfache Bürger, die alle vereint waren im Kampf gegen die Besatzung. Sie handelten im Geheimen, in kleinen Gruppen, um das Risiko zu minimieren und ihre Chancen auf Erfolg zu maximieren.

Paris war zu einer Stadt der Spitzel geworden, jeder Flüsterton konnte den Unterschied zwischen Leben und Tod bedeuten. Doch der Widerstand war nicht zu besiegen. Die Menschen verbanden sich in ihrer Entschlossenheit und ihrem unerschütterlichen Glauben an die Ideale von Freiheit und Gerechtigkeit. Sie ließen sich nicht von Furcht lähmen, sondern fanden in der Gemeinschaft des Widerstands Kraft und Mut.

Die Nächte gehörten dem Widerstand. Wenn die Dunkelheit über Paris hereinbrach, wurden die Straßen zu einem Schachbrett geheimer Treffen und Aktionen. Im Schein der Laternen wurden Pläne geschmiedet, Informationen ausgetauscht und Sabotageakte vorbereitet. Jeder Schritt war von Bedeutung, jede geheime Botschaft ein Funke der Hoffnung.

Die Mitglieder des Widerstands hatten ihre ganz eigenen Rollen und Fähigkeiten. Manche waren Meister der Tarnung, die in der Menge der Besatzer unauffällig blieben und wichtige Informationen sammelten. Andere waren geschickte Boten, die Nachrichten zwischen den verschiedenen Zellen des Widerstands übermittelten. Wieder andere waren Experten in der Kunst des Sabotagehandwerks, die geschickt die deutschen Streitkräfte unterminierte.

Doch während der Widerstand seine Aktionen im Verborgenen plante, blieben die Menschen von Paris nicht untätig. Sie zeigten ihren Widerstand auf vielfältige Weise, sei es durch das Verstecken von Juden, die vor der Deportation bedroht waren, oder durch das Verteilen von Flugblättern, die die Wahrheit über die deutschen Gräueltaten enthüllten.

Die Bedrohung durch die Gestapo war allgegenwärtig. Verrat und Denunziation waren ständige Gefahren, die das Netzwerk des Widerstands gefährdeten. Doch die Menschen von Paris waren bereit, das Risiko einzugehen. Sie glaubten fest daran, dass der Widerstand eine Welle der Veränderung entfachen und das Joch der Besatzung durchbrechen könnte.

So kämpften François Mitterand, Robert Antelme, Marguerite Antelme, Marie-Louise Antelme und unzählige andere, die im Schatten der Vichy-

Regierung lebten. Ihr Mut und ihre Entschlossenheit waren wie ein Funke in der Dunkelheit, der die Flamme des Widerstands am Leben hielt.

In den Herzen der Pariser schlug weiterhin der Rhythmus der Freiheit. Obwohl die Straßen von Angst und Unterdrückung erfüllt waren, war der Widerstand ein lebendiges Zeugnis für den unbeugsamen Geist der Menschen. Sie hielten an ihren Idealen fest, auch wenn die Lage aussichtslos erschien.

Die Geschichte des Widerstands war noch nicht zu Ende geschrieben. Die Menschen von Paris würden weiterhin kämpfen, bis die Stadt von der Besatzung befreit war und die Freiheit wieder die Straßen erfüllte. Der Schatten der Vichy-Regierung mochte Paris verdunkeln, aber er konnte niemals die Entschlossenheit und den Mut des Widerstands ersticken.

Kapitel 2: Der Albtraum von Buchenwald

Juni 1944. Die Sonne über Paris schien hell, doch für Robert und Marie-Louise Antelme brach eine Zeit des Albtraums an. Die Gestapo hatte ihre Spuren entdeckt, und nun waren sie in den eisernen Klauen des Nazi-Regimes gefangen.

Es war Anfang Juni 1944, als die Gestapo das Versteck in der Rue Dupin aufdeckte. Der Raum, der den Widerstandskämpfern als Zufluchtsort gedient hatte, wurde zu einer gefährlichen Falle.

Unter den sechs festgenommenen Personen befanden sich auch Robert Antelme und seine Schwester Marie-Louise Antelme. Jean Munier gelang es, inmitten des Chaos zu entkommen, indem er die anderen anrempelte. Verletzt an der Hand rannte er die Treppe hinunter, um Alarm zu schlagen.

François Mitterand rief telefonisch an, weil er sich mit Robert und Marie-Louise in der Wohnung treffen wollte, in der die Gestapo eine Hausdurchsuchung machte.

Die Gestapo erlaubte, dass Marie-Louise das Telefongespräch annahm.

Mitterand sagte: „*Hallo*". Mehr nicht.

Nachdem Marie-Louise den Telefonhöhrer abnahm, gab sie vor, dass es sich um eine falsche Nummer handele.

In diesem Moment flüsterte ein Gestapo-Mann an der Seite von Marie-Louise:

"Sag' ihm, er soll hochkommen."

Mitterand war sich nicht sicher, ob er sich verwählt hatte. Er rief ein zweites Mal an. Marie-Louise wiederholte, dass er eine falsche Nummer gewählt habe, während der Gestapo-Mann mit gereizter Stimme wiederhole:

„Sag' ihm, er soll hochkommen."

Das Herz klopfte ihm bis zum Hals, als er die Worte des Gestapo-Agenten hörte. Er wusste, dass er in einem gefährlichen Katz-und-Maus-Spiel gefangen war. Jeder falsche Schritt könnte das Leben seiner Freunde gefährden und seine eigene Tarnung auffliegen lassen. Dennoch bewahrte Mitterand äußerlich Ruhe und Gelassenheit.

Mitterand hatte die Botschaft von Marie-Louise verstanden. Die Gestapo war in der Wohnung und er sollte keinesfalls dort hingehen. Marie-Louise hatte durch ihr Geschick mit Sicherheit Mitterand vor dem KZ bewahrt, wenn nicht sein Leben gerettet.

Am 1. Juni 1944 wurde das Schicksal von Robert Antelme und seiner Schwester Marie-Louise besiegelt. Sie wurden in der Rue Dupin verhaftet. Während Marie-Louise in das Frauen-KZ Ravensbrück transportiert wurde, landete Robert zunächst im Gefängnis Fresnes.

Er wurde schließlich in einen Zug gepfercht, der das Camp de Royallieu in Compiègne verließ. Es war der letzte Konvoi, der von diesem Lager abfuhr, bevor es von den Alliierten befreit wurde.

Die Reise führte Robert Antelme in die Hölle auf Erden - Buchenwald. Das berüchtigte Konzentrationslager war ein Ort des Schreckens, der Vernichtung und der unvorstellbaren Grausamkeit. Die Männer und Frauen, die hier gefangen gehalten wurden, waren nichts mehr als Schatten ihrer selbst, gezeichnet von Hunger, Krankheit und dem täglichen Kampf ums Überleben.

Mit Handschellen gefesselt und mit Angst in ihren Augen wurden Juden und Angehörige der „Résistance" gewaltsam aus ihrer Heimatstadt gerissen und auf einen Zug verfrachtet, der sie in eine unvorstellbare Hölle bringen sollte. Ihr Ziel: Buchenwald, ein Name, der für Grauen und Verzweiflung stand.

Der Transportzug, beladen mit Tausenden von Menschen, die ihre Freiheit verloren hatten, fuhr durch die endlosen Weiten Europas. Die Reise war geprägt von Enge, Hitze und dem ständigen Geruch von Verzweiflung und Tod. Die Menschen waren zusammengepfercht wie Vieh, ohne Rücksicht auf ihre Würde oder ihr Wohlbefinden.

Die Fahrt in den überfüllten und stickigen Viehwaggons war eine Tortur für die Gefangenen. Der Gestank von Angst, Schweiß und Verzweiflung erfüllte die Luft.

Als der Zug endlich die Tore von Buchenwald erreichte, bot sich den Insassen ein Anblick, der ihre schlimmsten Ängste übertraf. Drahtzäune mit Stacheldraht, Wachtürme und die bleiche Präsenz von SS-Soldaten prägten das Bild des Konzentrationslagers. Es war eine unheilvolle Kulisse des Grauens.

Als der Zug schließlich in Buchenwald zum Stehen kam, wurde Robert brutal aus dem Zug gezerrt und in die Menge der anderen Gefangenen geworfen.

Die SS-Wachen schrien und trieben die Gefangenen mit Schlägen und Schüssen vor sich her.

Die berüchtigte Selektion begann, bei der diejenigen, die als arbeitsfähig angesehen wurden, in das Lager gebracht und die anderen in die Gaskammern geschickt wurden.

Ihre Namen wurden ihnen genommen, sie waren nur noch eine Nummer, ein Schatten in der endlosen Masse der Leidenden. Ihre Habseligkeiten wurden ihnen abgenommen, ihre Identität und Würde gestohlen.

Robert überlebte die erste Selektion und wurde in das Lager eingewiesen. Er wurde in den grausamen Alltag von Buchenwald geworfen, wo er mit unmenschlicher Arbeit, ständigem Hunger und brutaler Gewalt konfrontiert wurden. Der Klang der Peitschenhiebe und das Schreien der Gefangenen erfüllten die Luft, während die SS-Wachen ihre Macht über Leben und Tod ausübten.

Die Haftbedingungen waren unmenschlich. Die Gefangenen wurden in überfüllten und verschmutzten Baracken untergebracht, ohne ausreichende Nahrung oder Hygiene. Krankheiten wie Typhus und Ruhr breiteten sich rasend schnell aus und forderten täglich zahlreiche Opfer.

Die Tage in Buchenwald verschmolzen zu einer endlosen Qual. Die Arbeitsbedingungen waren unmenschlich, die Demütigungen allgegenwärtig. Hunger und Krankheiten rafften die Menschen dahin, während die SS-Schergen mit grausamer Freude ihr sadistisches Spiel trieben.

Die Gaskammern und Krematorien waren ein ständiger Anblick, der an den Rand des Wahnsinns trieb. Die Hoffnung auf Überleben schwand mit jedem Tag, während die Schatten des Todes über ihnen lauerten. Robert sah seine Mitgefangenen sterben, ihre Hoffnung verblasste, doch sie klammerten sich an das letzte Fünkchen Leben.

Buchenwald war eine Welt des Schreckens, eine Verkörperung des absoluten Bösen. Es war ein Ort, an dem die Menschlichkeit erstickte und nur noch das Tier im Menschen übrig blieb. Diejenigen, die das Lager überlebten, taten dies auf Kosten ihrer Seele und ihrer Unschuld.

Robert war Gefangener dieser grausamen Maschinerie des Todes. Doch er hielt an seiner Hoffnung fest, selbst wenn der Schatten des Ungewissen über ihnen lag. Er war bereit, alles zu riskieren, um zu überleben und der Welt von den Schrecken von Buchenwald zu berichten.

In den düsteren Mauern von Buchenwald kämpfte Robert wie alle KZ-Häftlinge jeden Tag ums Überleben, um dem Tod zu entkommen,

Die Menschen wurden ohne jegliche Würde behandelt, ihre Identität wurde ihnen genommen und durch eine Nummer ersetzt.

Robert wurde zum Sklaven der Maschinerie des Todes. Die KZ-Häftlinge mussten schwere körperliche Arbeit verrichten, unter Bedingungen, die ihre Kräfte überstiegen. Jeder Tag war ein Kampf ums Überleben, während der Tod stets präsent war.

Die Anblicke von Grauen und Gewalt waren allgegenwärtig. Die Menschen wurden erniedrigt, misshandelt und getötet. Die Gaskammern und Krematorien waren ständige Mahnmale der Vernichtung. Das Leiden der Gefangenen kannte keine Grenzen.

Trotz der unvorstellbaren Grausamkeit, die sie umgab, versuchten Robert, an seinem Glauben und seiner Hoffnung festzuhalten. Viele KZ-Häftlinge unterstützten sich gegenseitig, um den Schrecken zu überstehen. Sie schmiedeten einen unsichtbaren Pakt, der ihnen Kraft gab und ihnen half, die Qualen zu ertragen.

Die Zeit in Buchenwald schien eine Ewigkeit zu dauern, ein endloser Albtraum ohne Hoffnung auf ein Ende. Doch trotz des scheinbar ausweglosen Horrors von Buchenwald fanden Robert Wege, seine Menschlichkeit zu bewahren.

Robert war Zeuge unvorstellbarer Grausamkeiten und unmenschlicher Bedingungen, aber er ließ sich nicht von der Dunkelheit verschlingen. Er bildete eine unsichtbare Gemeinschaft mit anderen Gefangenen, die sich gegenseitig unterstützten und ermutigten, die Flamme der Hoffnung am Leben zu erhalten.

Robert, der von Natur aus ein aufmerksamer Beobachter war, nahm die schrecklichen Ereignisse in Buchenwald genau wahr. Er beobachtete die brutale Behandlung der Gefangenen, die systematische Vernichtung von Menschenleben und die unermessliche Grausamkeit der SS-Wachen. Diese erschütternden Erfahrungen würden ihn später dazu bewegen, seine Erfahrungen in einem bemerkenswerten Werk über die Deportation und das Überleben im Konzentrationslager festzuhalten.

Doch das Leid von Buchenwald war noch nicht das Ende von Roberts Reise. Er wurde weitergebracht, an einen Ort namens Bad Gandersheim. Ein kleines Kommando, das von Buchenwald abhängig war. .

Robert ermutigte seine Mitgefangenen, ihre Würde zu bewahren und sich nicht von der Hoffnungslosigkeit überwältigen zu lassen. Er fand Trost im Glauben und gab anderen Menschen Mut, indem er ihnen Geschichten erzählte, die er in seiner Kindheit gehört hatte.

Trotz der extremen physischen und psychischen Belastungen gelang es Robert eine innere Stärke aufrechtzuerhalten. Er wusste, das die Erinnerungen, seine Geschichte und der Überlebenswillen bewahren werden mussten, um die Welt an die Schrecken von Buchenwald zu erinnern und sicherzustellen, dass so etwas nie wieder geschehen würde.

Seine Tage in Buchenwald waren von harter Arbeit, Misshandlungen und dem ständigen Überlebenskampf geprägt. Er sah seine Mitgefangenen leiden und sterben, und doch kämpften sie weiter. Sie waren Zeugen der Grausamkeit, aber sie weigerten sich, ihre Menschlichkeit zu verlieren.

Obwohl Buchenwald sie körperlich und seelisch zermürbte, fanden manche KZ-Häftlinge inmitten der Dunkelheit Momente des Trostes und der

Verbindung. Sie erzählten einander Geschichten, sangen Lieder und schufen kleine Oasen des Friedens und des Mitgefühls inmitten des Grauens.

Die Zeit in Buchenwald war ein dunkler und schmerzhafter Abschnitt in seinem Leben, aber er hatte ihn überlebt. Er war den Schatten des Todes entkommen und war bereit, seine Geschichte zu erzählen und denjenigen eine Stimme zu geben, die es nicht mehr konnten.

Die Erinnerungen an Buchenwald würden ihn für immer verfolgen, aber sie würden auch zu einem Antrieb werden.

Der Albtraum von Buchenwald und die Erfahrungen, die Robert Antelme dort gemacht hatten, wurden zu einem lebenslangen Antrieb für ihr. Er war nicht bereit, die Grausamkeit und das Unrecht, das er erlebt hatte, einfach hinzunehmen. Er fühlte eine tiefe Verpflichtung, für Gerechtigkeit einzutreten und sicherzustellen, dass solche Gräueltaten nie wieder geschehen würden.

Ihr Antrieb führte ihn dazu, sich aktiv in Organisationen und Bewegungen gegen den

Antisemitismus, den Rassismus und jegliche Form von Diskriminierung einzusetzen. Er entschlossen, die Erinnerung an den Holocaust wach zu halten und die Welt daran zu erinnern, wohin Hass und Intoleranz führen können.

Robert wurde zum Botschafter für die Opfer des Holocausts. Er reiste durch die Welt, sprach in Schulen, Universitäten und öffentlichen Veranstaltungen über die gemachten Erfahrungen und die Bedeutung des Erinnerns. Er erzählten seine Geschichten, um die Realität des Holocausts lebendig zu halten und junge Menschen zum Nachdenken und Handeln anzuregen.

Sein Antrieb war nicht nur auf die Vergangenheit gerichtet, sondern auch auf die Gestaltung einer besseren Zukunft. Er setzte sich für Bildung, Toleranz und Versöhnung ein und unterstützten Initiativen, die dazu beitrugen, eine Welt des Friedens und der Gerechtigkeit aufzubauen.

Robert Antelmes Buch "Das Menschengeschlecht" wurde zu einem wichtigen Werk, das dazu beitrug, die Grausamkeit des Holocausts zu dokumentieren und zu verstehen. Es wurde zu

einer Stimme der Überlebenden und zu einem
Aufruf, aus der Vergangenheit zu lernen

Kapitel 3: Marie-Louise Antelme in Ravensbrück

Marie-Louise Antelme, die Schwester von Robert Antelme, befand sich im Jahr 1944 in einem wahren Albtraum. Nach ihrer Deportation aus Frankreich wurde sie in das Konzentrationslager Ravensbrück gebracht, einem Ort des Schreckens und der Unmenschlichkeit. Ihr Leben dort war geprägt von unvorstellbaren Leiden, doch auch in den dunkelsten Stunden bewahrte sie einen Funken Hoffnung in ihrem Herzen.

Ravensbrück war ein Konzentrationslager, das hauptsächlich für Frauen errichtet wurde. Es lag in der Nähe der Stadt Fürstenberg, etwa 90 Kilometer nördlich von Berlin. Hier wurden Tausende von Frauen aus ganz Europa interniert, die als politische Gefangene, Widerstandskämpferinnen, Jüdinnen und andere als "unerwünscht" erachtete Personen galten.

Für Marie-Louise und die anderen Gefangenen war das Leben in Ravensbrück eine tägliche Tortur. Die Frauen waren überfüllten und unhygienischen Baracken untergebracht. Sie litten unter Hunger, Kälte und Krankheiten. Die Arbeitsbedingungen waren unmenschlich, und die

Häftlinge wurden grausam misshandelt und misshandelt.

Marie-Louise wurde zur Zwangsarbeit gezwungen, gezeichnet von Erschöpfung und Schmerzen. Sie musste schwere körperliche Arbeit verrichten, wie zum Beispiel Steine schleppen oder in den Fabriken des Lagers arbeiten. Die Schläge und Demütigungen seitens der SS-Wachen waren an der Tagesordnung.

Trotz der brutalen Bedingungen in Ravensbrück bewahrte Marie-Louise ihren Mut und ihre Würde. Sie fand Trost und Unterstützung in der Solidarität mit anderen Gefangenen. Gemeinsam teilten sie ihre knappen Rationen, gaben sich gegenseitig Kraft und hielten sich an den wenigen verbleibenden Hoffnungsschimmern fest.

Doch die Grausamkeiten des Lagers blieben nicht auf die physische Ebene beschränkt. Marie-Louise musste miterleben, wie ihre Mitgefangenen willkürlich selektiert und in die Gaskammern geschickt wurden. Sie hörte die Schreie derjenigen, die in den Todeslagern ihr Leben verloren, und konnte nichts dagegen tun.

Im Jahr 1945, als sich das Ende des Krieges näherte, geriet Ravensbrück zunehmend unter Druck. Die Alliierten rückten näher, und die Nazis versuchten, die Spuren ihrer Gräueltaten zu verwischen. Tausende von Häftlingen wurden auf sogenannte "Todesmärsche" geschickt, um sie vor der Befreiung zu evakuieren

Die Geschichte von Marie-Louise Antelme nimmt eine tragische Wendung, als sich das Ende des Krieges abzeichnete. Nachdem sie den Schrecken von Ravensbrück überlebt hatte, sollte sie endlich befreit und in Sicherheit gebracht werden. Doch das Schicksal hatte andere Pläne für sie.

Im Frühjahr 1945 wurde Marie-Louise zusammen mit anderen Überlebenden von Ravensbrück für die Evakuierung des Lagers vorbereitet. Ein Flugzeug wurde organisiert, um die Frauen nach Schweden zu bringen, wo sie Schutz und medizinische Versorgung finden sollten. Die Vorfreude und Erleichterung unter den Häftlingen waren greifbar, als sie sich auf den Weg zum Flughafen machten.

Das Flugzeug, das sie retten sollte, war jedoch von Problemen geplagt. Aufgrund der unsicheren

Lage und des chaotischen Zustands des Krieges war die Logistik schwierig. Es gab Verzögerungen und Schwierigkeiten bei der Koordination des Transports, aber die Frauen hielten an der Hoffnung fest, dass sie bald in Sicherheit sein würden.

Schließlich, am schicksalhaften Tag ihrer geplanten Rettung, standen Marie-Louise und die anderen Überlebenden am Flughafen bereit, um in das Flugzeug einzusteigen. Ihre Herzen waren erfüllt von Dankbarkeit und Erleichterung.

Doch auf dem Flug nach Stockholm geschah das Unglück: Das Flugzeug, das sie in die Freiheit bringen sollte, stürzte bei Kopenhagen ab.

Die Nachricht von dem Flugzeugabsturz traf das Lager wie ein Schock. Diejenigen, die auf dem Weg zur Rettung waren, wurden nun zu Opfern einer tragischen Wendung des Schicksals. Marie-Louise und viele andere Frauen, die so viel Leid und Qual durchgestanden hatten, verloren ihr Leben in dem Moment, als ihnen die Freiheit zum Greifen nahe schien.

Die Nachricht von Marie-Louises Tod erreichte ihre Familie und ihre Freunde mit tiefer Trauer und Fassungslosigkeit. Nach all dem, was sie in Ravensbrück durchgestanden hatte, schien es so ungerecht und unbegreiflich, dass sie ihr Leben verlor, kurz bevor sie endlich in Sicherheit sein sollte.

Marie-Louise Antelme wurde zu einer weiteren traurigen Statistik des Holocausts, zu einer von Millionen unschuldigen Menschen, die ihr Leben auf grausame Weise verloren. Ihr Tod hinterließ eine Lücke in den Herzen ihrer Familie und Freunde, aber auch in der Geschichte des Widerstands und des Überlebens.

Ihr tragisches Schicksal erinnert uns daran, dass der Holocaust nicht nur eine abstrakte Geschichte ist, sondern das Leben unzähliger Menschen zerstört hat. Marie-Louise Antelme wird in Erinnerung bleiben als eine starke und mutige Frau, die gegen alle Widerstände kämpfte, um zu überleben, und deren Leben viel zu früh endete.

Ihr Vermächtnis bleibt in den Herzen und Köpfen derjenigen lebendig, die ihre Geschichte hören und weitertragen. Mögen wir ihre Erinnerung ehren, indem wir uns für eine Welt einsetzen, in der Hass und Unterdrückung und Unterdrückung keinen Platz haben. Möge Marie-Louise Antelmes Tod uns dazu anspornen, gegen Ungerechtigkeit anzukämpfen und für Menschlichkeit und Toleranz einzustehen.

Ihr Opfer darf nicht umsonst gewesen sein. Wir müssen ihre Geschichte erzählen und sicherstellen, dass die Grausamkeiten des Holocausts niemals vergessen werden. Durch die Aufarbeitung der Vergangenheit und das Bewusstsein für die Gräueltaten können wir eine bessere Zukunft schaffen.

Marie-Louise Antelme wird immer als Symbol des Überlebenswillens und der Stärke in Erinnerung bleiben. Ihre Geschichte ist eine Mahnung, dass wir uns niemals mit Ungerechtigkeit und Unterdrückung abfinden dürfen. Wir müssen gemeinsam für eine Welt eintreten, in der jeder Mensch in Frieden und Würde leben kann.

Möge Marie-Louise Antelme in Frieden ruhen, und möge ihre Geschichte uns immer daran erinnern, dass wir die Verantwortung haben, gegen

Ungerechtigkeit anzukämpfen und die Würde jedes Einzelnen zu schützen.

Kapitel 4: Ich glaube, jemand ruft Dich!

Das Jahr 1945 brach an, und mit ihm kam die Hoffnung auf das Ende des Krieges. Doch der Schrecken ließ nicht nach. Während die Alliierten gegen das Nazi-Regime vormarschierten, wurden die Gefangenen der Konzentrationslager weiterhin von Ort zu Ort verschleppt.

Die SS setzte ihre mörderischen Tätigkeiten fort und verfrachtete Robert Antelme und tausend andere Häftlinge in Viehwaggons von Buchenwald nach Dachau. Die Bedingungen in den Waggons waren unvorstellbar grausam. Die Menschen waren zusammengepfercht, ohne ausreichend Platz zum Sitzen oder Liegen. Der Gestank von Angst, Schweiß und Tod erfüllte die stickige Luft.

Während Robert und die anderen Gefangenen in Richtung Dachau transportiert wurden, erhielt François Mitterand eine unerwartete Ernennung zum Inspektor der Konzentrationslager in Landsberg und Dachau. Die Verantwortung, mit der er nun konfrontiert war, war überwältigend.

François Mitterand berichtet in seinen Memoiren über das KZ Landsberg:

„Was wir sahen, war schlimmer als alles andere, unvorstellbar, überwältigend […]. In Landsberg kein einziger Überlebender. Leichen zu Tausenden mit Flammenwerfern verbrannt […]."

Mitterand schreibt über das KZ Dachau:

„In Dachau, überall der Tod, die Gehängten, die Vergasten, die Krematoriumsöfen, die Erschossenen […]. Eine Typhusepidemie verstärkte die Qual der Überlebenden […]."

François Mitterand erzählt, was in Dachau passiert, als er Leichenhaufen nach Überlebenden durchsucht.

„In Dachau fand ich durch einen glücklichen Zufall Robert Antelme, der am 1. Juni 1944 mit anderen Kameraden unserer Bewegung verhaftet und dann deportiert worden war. Es ging ihm so schlecht, dass man ihn schon in den Kreis der Toten werfen ließ. Als wir über die Leichen stiegen und er mich vorbeigehen sah, flüsterte er meinen Namen, eher meinen Vornamen. Pierre Bugeaud,

der bei mir war, hörte es und beugte sich zu mir,
um zu sagen: Ich glaube, jemand ruft dich."

Mit Entschlossenheit und einer Prise Hoffnung beugte sich François Mitterand zu Robert hinunter und ergriff seine schwache Hand.

"Robert, mein Freund", flüsterte er sanft. *"Es tut mir leid, was du hier durchmachen musstest, aber du bist noch am Leben. Wir werden dich hier rausholen."*

Robert konnte kaum glauben, dass er inmitten dieser apokalyptischen Kulisse noch eine Chance auf Rettung hatte. Seine Kräfte schwanden, und der Tod schien bereits auf ihn zu warten. Doch die Stimme von François, die voller Entschlossenheit und Mitgefühl war, gab ihm neuen Mut.

Gemeinsam mit Pierre, einem weiteren engen Freund von Robert, schmiedete Mitterand einen kühnen Plan, um Antelme aus den Fängen des Todes zu befreien. Sie wussten, dass sie schnell handeln mussten, denn Roberts Zustand war äußerst kritisch.

Dank seines Wissens über Antelmes Frau, Marguerite, wusste Mitterand, dass er sie kontaktieren musste, um ihr mitzuteilen, dass ihr geliebter Ehemann noch lebte, aber in einem lebensbedrohlichen Zustand war. Er fand einen Moment der Ruhe und Privatsphäre und wählte die Nummer, die er auswendig kannte.

Das Telefon läutete mehrmals, und jeder Augenblick erschien wie eine Ewigkeit. Schließlich wurde die Stimme von Marguerite Antelme am anderen Ende der Leitung hörbar. Sie war gezeichnet von Sorge und Angst, doch Mitterand fand die richtigen Worte, um ihr einen Funken Hoffnung zu geben.

"Marguerite, hier spricht François", begann er, seine Stimme fest und doch einfühlsam. *"Ich muss dir mitteilen, dass Robert noch lebt. Aber sein Zustand ist äußerst kritisch. Wir werden alles tun, um ihn zu retten, aber die Zeit ist knapp. Sei stark, meine Liebe. Wir werden ihn nach Paris zurückbringen."*

Marguerite Antelme erinnert sich : *"Ich weiß nicht, welcher Tag es war, es war definitiv ein Tag im April, es war kein Tag im Mai. Um elf klingelte*

dasTelefon. Es kam aus Deutschland, es war
François Morlond. Er sagte nicht'Hallo', er war
fast schon brutal, aber klar wie immer."

Marguerite konnte ihren Ohren kaum trauen. Die
Nachricht war wie ein Lichtstrahl in ihrer dunklen
Welt, ein Hoffnungsschimmer, den sie nicht für
möglich gehalten hatte. Ihre Gedanken und
Emotionen überschlugen sich, und dennoch fand
sie die Kraft, ihr Vertrauen in François zu setzen
und sich auf das Wunder der Rettung zu
konzentrieren.

Obwohl François Mitterand fest entschlossen war,
Robert Antelme mit dem Flugzeug
zurückzubringen, um ihm die bestmögliche
medizinische Versorgung zu bieten, stellte die
verheerende Typhusepidemie in Dachau eine
unüberwindbare Hürde dar. Der US-General
verbot, den mit Typhus infizierten Robert Antelme
aus dem Lager zu schaffen.

Zurück in Paris verlor Mitterand keine Zeit und
setzte alles daran, Robert Antelme zu befreien. Er
wusste, dass jede Stunde zählte und dass ihr
Erfolg von äußerster Wichtigkeit war. Sofort
mobilisierte er seine engsten Freunde und

Vertrauten: Dionys Mascolo, Jacques Bénet und Georges Beauchamp.

Die drei Männer waren bereit, alles für ihre Mission zu geben. Sie sprangen in ein Auto und setzten Kurs auf Dachau. Die Straßen waren gezeichnet von den Spuren des Krieges, aber ihre Entschlossenheit ließ sie nicht zurückschrecken. Sie fuhren mit Höchstgeschwindigkeit, angetrieben von der Aussicht, einen Freund und Kameraden zu retten.

Endlich erreichten sie das Konzentrationslager Dachau. Die Szenerie, die sich ihnen bot, war herzzerreißend. Überall lagen Leichen, die Überreste der Grausamkeit und des Todes. Doch sie waren fest entschlossen, Robert zu finden, um ihm eine zweite Chance zu geben.

Sie folgten den Anweisungen, die Mitterand gegeben hatte, und suchten an dem vereinbarten Ort. Das Herz schlug ihnen bis zum Hals, als sie schließlich auf Robert Antelme stießen. Er lag dort, schwach und gezeichnet von den Schrecken, denen er ausgesetzt gewesen war. Doch er war am Leben.

Mit äußerster Vorsicht und Tarnung verkleideten sie Robert als amerikanischen Soldaten. Sie gaben ihr Bestes, um ihn wie einen Betrunkenen aussehen zu lassen, um nicht das Misstrauen der Wachen zu wecken. Jeder Atemzug war gefüllt mit Angst und Hoffnung, während sie ihn behutsam aus dem Lager führten.

Die GIs übersahen die drei Männer, die ihren Freund Robert Antelme inmitten ihrer Mitte hinausschmuggelten. Sie waren Schatten in der Nacht, unsichtbar. Ihr Mut und ihre Entschlossenheit führten sie sicher durch die Tore von Dachau.

Die Reise zurück nach Straßburg war gefährlich und voller Unsicherheiten. Sie mussten sich ihren Weg durch feindliches Gebiet bahnen, stets auf der Hut vor möglichen Entdeckungen. Jeder Kilometer war ein Kampf ums Überleben, aber sie waren bereit, alles zu riskieren, um ihren Freund zu retten.

In Straßburg hielten sie inne, um kurz durchzuatmen. Die Stadt war gezeichnet von den Spuren des Krieges, aber ihr Ziel war in greifbarer Nähe.

Schließlich erreichten sie ihr Ziel: die Rue Saint-Benoit 5 in Paris.

Hier warteten Marguerite Antelme und François Mitterand voller Sorge und Hoffnung auf die Rückkehr von Robert. Die Ärzte, die bereits dort waren, hatten wenig Hoffnung, dass er überleben würde. Doch sie hielten sich an den Glauben, dass Wunder geschehen können.

Mit zitternden Händen und klopfendem Herzen betraten Dionys, Jacques und Georges das Zimmer, in dem Robert Antelme lag. Er sah aus wie eine zerschlagene Marionette, gezeichnet von den Qualen und der Brutalität der Lager. Doch trotz allem strahlte er eine unerschütterliche Stärke und Widerstandsfähigkeit aus.

Die Ärzte kämpften unermüdlich um sein Leben, während Marguerite und François an seiner Seite wachten. Jede Sekunde zählte, jeder Herzschlag war von Bedeutung. Gemeinsam hielten sie Robert fest und gaben ihm die Kraft und den Mut, weiterzukämpfen.

Robert war wie eine gebrochene Marionette, als sie ihn in die Obhut der Ärzte übergaben. Sein

Körper war gezeichnet von den Qualen und Entbehrungen der Konzentrationslager, und seine Überlebenschancen schienen gering zu sein. Doch sie gaben die Hoffnung nicht auf.

Die Ärzte kämpften unermüdlich um sein Leben, während Marguerite und François an seiner Seite wachten. Sie waren bereit, alles zu tun, um Robert zu retten, selbst wenn es bedeutete, durch die tiefsten Abgründe der Verzweiflung zu gehen.

Die Tage vergingen, und Robert kämpfte gegen den Tod an. Es war ein harter und schmerzhafter Kampf, der ihn an den Rand seiner Kräfte brachte. Doch die Liebe, die ihn umgab, und der unerschütterliche Wille, zu überleben, gaben ihm die Kraft, weiterzumachen.

Schließlich, als die Sonne am Horizont aufging und ein neuer Tag anbrach, begann Robert langsam zu genesen. Die Ärzte und die Menschen, die ihn umgaben, feierten seinen Fortschritt als ein wahres Wunder.

Tag für Tag kämpfte Robert gegen den Tod an, und langsam begann er sich zu erholen. Es war ein mühsamer Prozess, der Geduld, Liebe und medizinisches Können erforderte. Doch Robert bewies seine außergewöhnliche Stärke und Überlebenskraft, die ihm geholfen hatten, Buchenwald zu überstehen.

Nach Wochen intensiver medizinischer Betreuung und liebevoller Pflege kehrte Robert Antelme schließlich ins Leben zurück. Die Zeit heilte seine Wunden nicht vollständig, aber sie gab ihm die Möglichkeit, zu leben und Zeugnis von den Gräueltaten des Holocausts abzulegen Sein Überleben war ein Zeugnis der Menschlichkeit, der Freundschaft und des unbändigen Willens, zu leben.

Robert Antelme kehrte als ein Überlebender und Zeuge des Holocausts nach Paris zurück. Seine Erfahrungen und sein unbeugsamer Geist trieben ihn dazu an, sein Buch "Das Menschengeschlecht" zu schreiben, das zu einer unvergesslichen Chronik der Leiden und des Überlebens im Konzentrationslager wurde.

Die Ereignisse von Buchenwald und Dachau hatten die drei Freunde für immer geprägt, aber sie hatten sich nicht von ihrer Entschlossenheit, gegen Ungerechtigkeit und Grausamkeit zu kämpfen, abbringen lassen. Sie waren bereit, ihre Stimmen zu erheben und die Welt daran zu erinnern, dass solche Schrecken nie wieder geschehen dürfen.

Robert Antelme wurde zu einem der berühmtesten Schriftsteller Frankreichs und Marguerite Antelme wurde als Marguerite Duras zu einer angesehenen Autorin und Regisseurin. Ihr gemeinsamer Kampf für Gerechtigkeit und Erinnerung wurde zu einem Vermächtnis, das die Welt dazu inspirierte, die Schrecken des Holocausts niemals zu vergessen und sich aktiv für Menschlichkeit, Toleranz und Gerechtigkeit einzusetzen.

François Mitterand setzte seinen politischen Aufstieg fort und wurde schließlich zum Präsidenten Frankreichs gewählt. Sein persönliches Erleben der Gräueltaten des Holocausts hatte ihn geprägt und sein Engagement für Menschenrechte und Frieden verstärkt. Als Staatsmann setzte er sich weiterhin für die Aufarbeitung der Vergangenheit und die

Förderung von Versöhnung und Verständnis zwischen den Völkern ein.

Die Geschichte von Robert Antelme, Marguerite Antelme und François Mitterand ist ein eindrucksvolles Beispiel für den menschlichen Überlebenswillen, die Stärke der Freundschaft und die Macht des Widerstands gegen Ungerechtigkeit. Ihre individuellen Schicksale sind untrennbar mit der Geschichte des Holocausts verbunden, doch ihr Einsatz geht über ihre persönlichen Erfahrungen hinaus. Sie wurden zu Botschaftern für die Opfer und zu Kämpfern für eine Welt des Friedens und der Gerechtigkeit.

Ihre Geschichte lehrt uns, dass die Stimme eines Einzelnen eine mächtige Wirkung haben kann. Durch ihren Mut und ihre Entschlossenheit haben sie das Schweigen gebrochen und die Schrecken des Holocausts ans Licht gebracht. Sie erinnern uns daran, dass es unsere Pflicht ist, die Vergangenheit zu ehren, die Opfer zu würdigen und aktiv gegen jede Form von Diskriminierung und Hass einzutreten.

Die Suche nach Überlebenden war für Robert Antelme, Marguerite Antelme und François

Mitterand nicht nur eine körperliche Rettungsmission, sondern auch eine geistige und moralische Verpflichtung. Sie waren dazu bestimmt, die Stimmen der Opfer zu sein, ihre Geschichten zu erzählen und sicherzustellen, dass ihre Erinnerung niemals verblassen würde.

In den kommenden Jahren würden sie ihre Mission fortsetzen, sich für die Wahrung der Menschenrechte, die Bekämpfung von Vorurteilen und die Förderung von Toleranz einzusetzen. Sie würden ihre Erfahrungen nutzen, um eine Welt des Friedens und der Menschlichkeit zu schaffen und sicherzustellen, dass die Schrecken des Holocausts nie wieder geschehen würden.

Ihre Geschichte würde in den Herzen und Köpfen der Menschen weiterleben, als Erinnerung daran, dass selbst in den dunkelsten Zeiten der Geschichte der Menschengeist und der Wille zur Veränderung unbesiegbar sind. Die Suche nach Überlebenden war nur der Anfang ihrer Reise, aber ihre Bestimmung war es, eine Welt zu gestalten, in der Toleranz, Gerechtigkeit und Menschlichkeit über allem stehen.

Empfohlene Bücher:

The authentic life of Billy the Kid	Garrett, Pat	Buch E-Book	9783738619027 9783739276021
Reden des Präsidenten I (2009)	Obama, Barack	Buch	97838391112:
Das Judas-Evangelium Mit Interpretationshilfen	Oswald, Hans-Peter (Hrsg.)	Buch E-Book	97838370966: 97838482978(
Calvinismus und Kapitalismus	Weber, Max	Buch	97838370763:
Bekenntnisse eines Christenmenschen Biographie und Theologie des Reformators	Calvin, Johannes	Buch E-Book	97838370825< 97838448792:
Barack, Obama	Yes, we can Biographie und Reden eines Präsidenten		
Auguste Comte und der Positivismus	Oswald, Hans-Peter	Buch	
Die Kampagne in Frankreich	Goethe, Johann Wolfgang von	Buch	
Belagerung von Mainz	Goethe, Johann Wolfgang von		Buch
Die Frauenfrage	Braun, Lily		Buch

Impressum:

Bibliografische Information der Deutschen Nationalbibliothek:

Die Deutsche Nationalbibliothek verzeichnet diese Publikation in der Deutschen Nationalbibliografie; detaillierte bibliografische Daten sind im Internet über dnb.dnb.de abrufbar.

Herstellung und Verlag: BoD – Books on Demand, Norderstedt

ISBN Nummer: 9783757823566